Kaksikielinen kuvakirjani

Mein zweisprachiges Bilderbuch

Sefan kauneimmat lastentarinat yhdessä niteessä

Ulrich Renz • Barbara Brinkmann:

Nuku hyvin, pieni susi · Schlaf gut, kleiner Wolf

Lapsille yli 2-vuotiaiden

Cornelia Haas • Ulrich Renz:

Minun kaikista kaunein uneni · Mein allerschönster Traum

Lapsille yli 2-vuotiaiden

Ulrich Renz • Marc Robitzky:

Villijoutsenet · Die wilden Schwäne

Perustuen Hans Christian Andersenin satuun

Lapsille yli 5-vuotiaiden

© 2024 by Sefa Verlag Kirsten Bödeker, Lübeck, Germany. www.sefa-verlag.de

Special thanks to Paul Bödeker, Freiburg, Germany

All rights reserved.

ISBN: 9783756304493

Lue · Kuuntele · Ymmärrä

Nuku hyvin, pieni susi
Schlaf gut, kleiner Wolf

Ulrich Renz / Barbara Brinkmann

suomi   kaksikielinen   saksa

Käännös:

Maria Alaoja (suomi)

Äänikirja ja video:

www.sefa-bilingual.com/bonus

Ilmainen pääsy salasanalla:

suomi: **LWFI1518**

saksa: **LWDE1314**

Hyvää yötä, Tim! Jatketaan etsimistä huomenna.
Nyt nuku hyvin!

Gute Nacht, Tim! Wir suchen morgen weiter.
Jetzt schlaf schön!

Ulkona on jo pimeää.

Draußen ist es schon dunkel.

Mitä Tim tekee?

Was macht Tim denn da?

Hän on lähdössä ulos leikkikentälle.
Mitä hän sieltä etsii?

Er geht raus, zum Spielplatz.
Was sucht er da?

Hänen pientä suttaan!
Ilman sitä hän ei osaa nukkua.

Den kleinen Wolf!
Ohne den kann er nicht schlafen.

Kuka tuolta tulee?

Wer kommt denn da?

Marie! Hän etsii palloaan.

Marie! Die sucht ihren Ball.

Ja mitähän Tobi etsii?

Und was sucht Tobi?

Hänen kaivuriaan.

Seinen Bagger.

Ja mitä Nala etsii?

Und was sucht Nala?

Hänen nukkeaan.

Ihre Puppe.

Eikö lasten pitäisi olla jo sängyssä?
Kissa on hyvin ihmeissään.

Müssen die Kinder nicht ins Bett?
Die Katze wundert sich sehr.

Ketkä nyt ovat tulossa?

Wer kommt denn jetzt?

Timin äiti ja isä!
He eivät osaa nukkua ilman Timiään.

Die Mama und der Papa von Tim!
Ohne ihren Tim können sie nicht schlafen.

Ja tuolta tulee vielä lisää! Marien isä.
Tobin isoisä. Ja Nalan äiti.

Und da kommen noch mehr! Der Papa von Marie.
Der Opa von Tobi. Und die Mama von Nala.

Mutta nyt nopeasti sänkyyn!

Jetzt aber schnell ins Bett!

Hyvää yötä, Tim!
Huomenna meidän ei tarvitse enää etsiä.

Gute Nacht, Tim!
Morgen müssen wir nicht mehr suchen.

Nuku hyvin, pieni susi!

Schlaf gut, kleiner Wolf!

Cornelia Haas • Ulrich Renz

Minun kaikista kaunein uneni
Mein allerschönster Traum

Käännös:

Janika Tuulia Konttinen (suomi)

Äänikirja ja video:

www.sefa-bilingual.com/bonus

Ilmainen pääsy salasanalla:

suomi: **BDFI1518**

saksa: **BDDE1314**

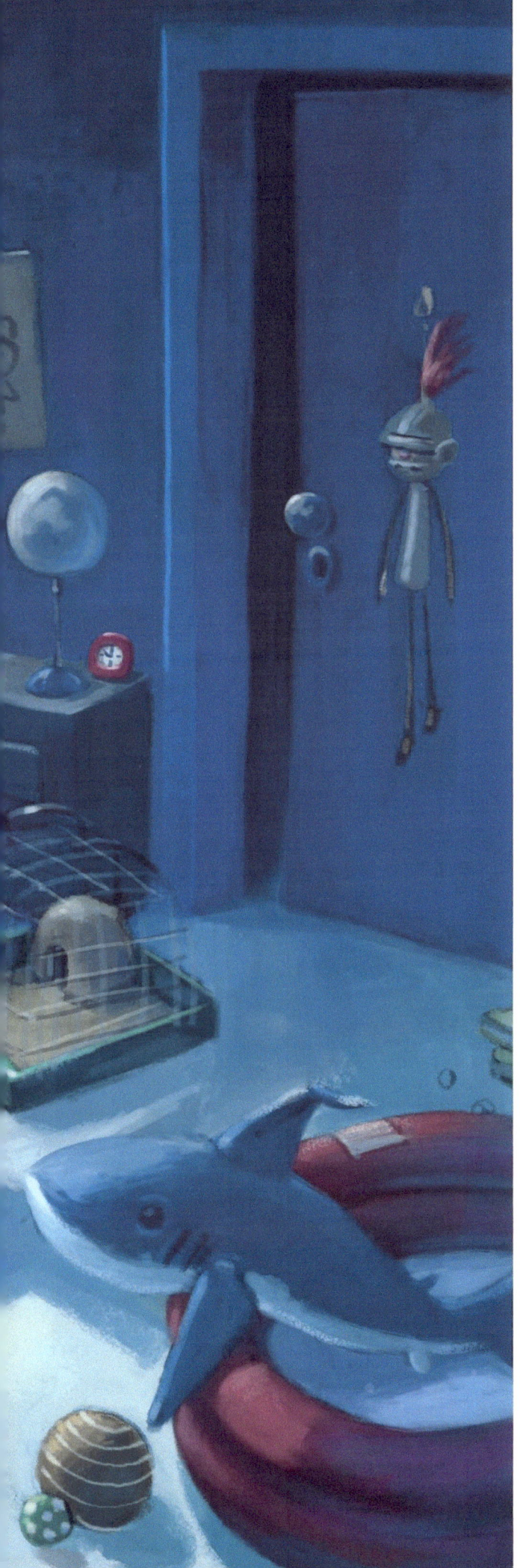

Lulu ei pysty nukahtamaan. Kaikki muut näkevät jo unta – hai, elefantti, pieni hiiri, lohikäärme, kenguru, ritari, apina, lentäjä. Ja vauvaleijona. Myös nallen silmät painuvat jo melkein kiinni ...

Hei nalle, otatko minut mukaan uneesi?

Lulu kann nicht einschlafen. Alle anderen träumen schon – der Haifisch, der Elefant, die kleine Maus, der Drache, das Känguru, der Ritter, der Affe, der Pilot. Und der Babylöwe. Auch dem Bären fallen schon fast die Augen zu ...

Du Bär, nimmst du mich mit in deinen Traum?

Ja niin jo on Lulu Nalle-Unimaassa. Nalle kalastaa Tagayumi-järvellä. Ja Lulu ihmettelee, kuka tuolla ylhäällä puissa mahtaa asua?

Kun uni päättyy, tahtoo Lulu seikkailla vielä lisää. Tule mukaan, menemme käymään hain luona! Mistä se mahtaa nähdä unta?

Und schon ist Lulu im Bären-Traumland. Der Bär fängt Fische im Tagayumi See. Und Lulu wundert sich, wer wohl da oben in den Bäumen wohnt?
Als der Traum zu Ende ist, will Lulu noch mehr erleben. Komm mit, wir besuchen den Haifisch! Was der wohl träumt?

Hai leikkii hippaa kalojen kanssa. Vihdoinkin hänellä on ystäviä! Kukaan ei pelkää hänen teräviä hampaitaan.

Kun uni päättyy, tahtoo Lulu seikkailla vielä lisää. Tulkaa mukaan, menemme käymään elefantin luona! Mistä se mahtaa nähdä unta?

Der Haifisch spielt Fangen mit den Fischen. Endlich hat er Freunde! Keiner hat Angst vor seinen spitzen Zähnen.
Als der Traum zu Ende ist, will Lulu noch mehr erleben. Kommt mit, wir besuchen den Elefanten! Was der wohl träumt?

Elefantti on kevyt kuin höyhen ja pystyy lentämään! Pian se laskeutuu taivasniitylle.

Kun uni päättyy, tahtoo Lulu seikkailla vielä lisää. Tulkaa mukaan, menemme käymään pienen hiiren luona! Mistä se mahtaa nähdä unta?

Der Elefant ist so leicht wie eine Feder und kann fliegen! Gleich landet er auf der Himmelswiese.
Als der Traum zu Ende ist, will Lulu noch mehr erleben. Kommt mit, wir besuchen die kleine Maus! Was die wohl träumt?

Pieni hiiri katselee tivolia. Eniten hän pitää vuoristoradasta.
Kun uni päättyy, tahtoo Lulu seikkailla vielä lisää. Tulkaa mukaan, menemme käymään lohikäärmeen luona! Mistä se mahtaa nähdä unta?

Die kleine Maus schaut sich den Rummel an. Am besten gefällt ihr die Achterbahn.

Als der Traum zu Ende ist, will Lulu noch mehr erleben. Kommt mit, wir besuchen den Drachen! Was der wohl träumt?

Lohikäärmeellä on jano tulen syöksemisestä. Mieluiten se haluaisi juoda kokonaisen limonadijärven tyhjäksi.

Kun uni päättyy, tahtoo Lulu seikkailla vielä lisää. Tulkaa mukaan, menemme käymään kengurun luona! Mistä se mahtaa nähdä unta?

Der Drache hat Durst vom Feuerspucken. Am liebsten will er den ganzen Limonadensee austrinken.
Als der Traum zu Ende ist, will Lulu noch mehr erleben. Kommt mit, wir besuchen das Känguru! Was das wohl träumt?

Kenguru hyppii läpi makeistehtaan ja ahtaa pussinsa täyteen. Vielä lisää sinisiä karkkeja! Ja lisää tikkareita! Ja suklaata!

Kun uni päättyy, tahtoo Lulu seikkailla vielä lisää. Tulkaa mukaan, menemme käymään ritarin luona! Mistä se mahtaa nähdä unta?

Das Känguru hüpft durch die Süßigkeitenfabrik und stopft sich den Beutel voll. Noch mehr von den blauen Bonbons! Und mehr Lollis! Und Schokolade!
Als der Traum zu Ende ist, will Lulu noch mehr erleben. Kommt mit, wir besuchen den Ritter! Was der wohl träumt?

Ritari käy kakkusotaa unelmiensa prinsessan kanssa. Ooh! Kermakakku menee ohi!

Kun uni päättyy, tahtoo Lulu seikkailla vielä lisää. Tulkaa mukaan, menemme käymään apinan luona! Mistä se mahtaa nähdä unta?

Der Ritter macht eine Tortenschlacht mit seiner Traumprinzessin. Oh! Die Sahnetorte geht daneben!

Als der Traum zu Ende ist, will Lulu noch mehr erleben. Kommt mit, wir besuchen den Affen! Was der wohl träumt?

Kerrankin apinamaassa on satanut lunta! Koko apinajoukko on riemuissaan ja pelleilee.

Kun uni päättyy, tahtoo Lulu seikkailla vielä lisää. Tulkaa mukaan, menemme käymään lentäjän luona, mihin uneen hän on mahtanut laskeutua?

Endlich hat es einmal geschneit im Affenland! Die ganze Affenbande ist aus dem Häuschen und macht Affentheater.
Als der Traum zu Ende ist, will Lulu noch mehr erleben. Kommt mit, wir besuchen den Piloten! In welchem Traum der wohl gelandet ist?

Lentäjä lentää ja lentää. Maailman loppuun ja vielä eteenpäin tähtiin asti. Siihen ei ole vielä kukaan toinen lentäjä pystynyt.

Kun uni päättyy, ovat kaikki jo hyvin väsyneitä, eivätkä he tahdo enää seikkailla niin paljon. Mutta vauvaleijonan luona he haluavat vielä käydä. Mistä se mahtaa nähdä unta?

Der Pilot fliegt und fliegt. Bis ans Ende der Welt und noch weiter bis zu den Sternen. Das hat noch kein anderer Pilot geschafft.
Als der Traum zu Ende ist, sind alle schon sehr müde und wollen nicht mehr so viel erleben. Aber den Babylöwen wollen sie noch besuchen. Was der wohl träumt?

Vauvaleijonalla on koti-ikävä ja se haluaa takaisin lämpimään, pehmoiseen petiin.

Ja muut myös.

Ja siellä alkaa ...

Der Babylöwe hat Heimweh und will zurück ins warme, kuschelige Bett.
Und die anderen auch.

Und da beginnt …

... Lulun kaikista kaunein uni.

... Lulus
allerschönster Traum.

Ulrich Renz • Marc Robitzky

Villijoutsenet
Die wilden Schwäne

Käännös:

Janika Tuulia Konttinen (suomi)

Äänikirja ja video:

www.sefa-bilingual.com/bonus

Ilmainen pääsy salasanalla:

suomi: **WSFI1518**

saksa: **WSDE1314**

Ulrich Renz · Marc Robitzky

Villijoutsenet

Die wilden Schwäne

Perustuen Hans Christian Andersenin satuun

+ audio + video

suomi — kaksikielinen — saksa

Olipa kerran kaksitoista kuninkaallista lasta–yksitoista veljestä ja yksi isosisko, Elisa. He elivät onnellisina hyvin kauniissa linnassa.

Es waren einmal zwölf Königskinder – elf Brüder und eine große Schwester, Elisa. Sie lebten glücklich in einem wunderschönen Schloss.

Eräänä päivänä äiti kuoli, ja jokin aikaa myöhemmin kuningas meni uudelleen naimisiin. Uusi vaimo oli kuitenkin paha noita. Hän taikoi yksitoista prinssiä joutseniksi ja lähetti heidät kauas pois, kaukaiseen maahan suuren metsän toisella puolella.

Eines Tages starb die Mutter, und einige Zeit später heiratete der König erneut. Die neue Frau aber war eine böse Hexe. Sie verzauberte die elf Prinzen in Schwäne und schickte sie weit weg in ein fernes Land jenseits des großen Waldes.

Tytön hän puki rääsyihin ja hieroi ällöttävää salvaa hänen kasvoihinsa, niin että edes oma isä ei tunnistanut häntä ja karkotti hänet linnasta. Elisa juoksi pimeään metsään.

Dem Mädchen zog sie Lumpen an und schmierte ihm eine hässliche Salbe ins Gesicht, so dass selbst der eigene Vater es nicht mehr erkannte und aus dem Schloss jagte. Elisa rannte in den dunklen Wald hinein.

Nyt hän oli aivan yksin ja kaipasi koko sielustaan kadonneita veljiään. Kun ilta tuli, teki hän itselleen puiden alle pedin sammaleesta.

Jetzt war sie ganz allein und sehnte sich aus tiefster Seele nach ihren verschwundenen Brüdern. Als es Abend wurde, machte sie sich unter den Bäumen ein Bett aus Moos.

Seuraavana aamuna hän saapui tyynelle järvelle ja säikähti, kun hän näki sen pinnassa peilikuvansa. Mutta sen jälkeen kun hän oli pessyt itsensä, hän oli kaunein kuninkaallinen lapsi auringon alla.

Am nächsten Morgen kam sie zu einem stillen See und erschrak, als sie darin ihr Spiegelbild sah. Nachdem sie sich aber gewaschen hatte, war sie das schönste Königskind unter der Sonne.

Useiden päivien jälkeen Elisa saavutti suuren meren. Aalloissa keinui yksitoista joutsenen sulkaa.

Nach vielen Tagen erreichte Elisa das große Meer. Auf den Wellen schaukelten elf Schwanenfedern.

Kun aurinko laski, ilmassa kuului kahinaa ja yksitoista villijoutsenta laskeutui veteen. Elisa tunnisti lumotut veljensä heti. Mutta koska he puhuivat joutsenkieltä, ei hän kyennyt ymmärtämään heitä.

Als die Sonne unterging, war ein Rauschen in der Luft, und elf wilde Schwäne landeten auf dem Wasser. Elisa erkannte ihre verzauberten Brüder sofort. Weil sie aber die Schwanensprache sprachen, konnte sie sie nicht verstehen.

Päiväsaikaan joutsenet lensivät pois, öisin sisarukset käpertyivät vierekkäin luolassa.

Eräänä yönä Elisa näki kummallisen unen: hänen äitinsä sanoi hänelle, kuinka hän voisi vapauttaa veljet. Hänen täytyisi kutoa nokkosesta jokaiselle joutsenelle paita ja heittää ne heidän päälleen. Siihen asti hän ei kuitenkaan saisi sanoa yhtä ainutta sanaa, muutoin hänen veljiensä täytyisi kuolla. Elisa kävi heti työhön. Vaikka hänen kätensä polttivat kuin tuli, hän kutoi väsymättä.

Tagsüber flogen die Schwäne fort, nachts kuschelten sich die Geschwister in einer Höhle aneinander.

Eines Nachts hatte Elisa einen sonderbaren Traum: Ihre Mutter sagte ihr, wie sie die Brüder erlösen könne. Aus Brennnesseln solle sie für jeden Schwan ein Hemdchen stricken und es ihm überwerfen. Bis dahin aber dürfe sie kein einziges Wort reden, sonst müssten ihre Brüder sterben. Elisa machte sich sofort an die Arbeit. Obwohl ihre Hände wie Feuer brannten, strickte sie unermüdlich.

Eräänä päivänä kajahtelivat kaukana metsästystorvet. Eräs prinssi tuli ratsastaen seurueensa kanssa ja seisoi jo pian hänen edessään. Kun he kumpikin katsoivat toisiaan silmiin, rakastuivat he toisiinsa.

Eines Tages ertönten in der Ferne Jagdhörner. Ein Prinz kam mit seinem Gefolge angeritten und stand schon bald vor ihr. Als die beiden sich in die Augen schauten, verliebten sie sich ineinander.

Prinssi nosti Elisan hevosensa selkään ja ratsasti hänen kanssaan linnaansa.

Der Prinz hob Elisa auf sein Pferd und nahm sie mit auf sein Schloss.

Mahtava rahastonhoitaja oli mykän kaunokaisen saapumisesta kaikkea muuta kuin iloissaan. Hänen omasta tyttärestään pitäisi tulla prinssin morsian.

Der mächtige Schatzmeister war über die Ankunft der stummen Schönen alles andere als erfreut. Seine eigene Tochter sollte die Braut des Prinzen werden.

Elisa ei ollut unohtanut veljiään. Joka ilta hän jatkoi paitojen tekemistä. Eräänä yönä hän meni ulos hautausmaalle hakeakseen tuoreita nokkosia. Samalla rahastonhoitaja tarkkaili häntä salaa.

Elisa hatte ihre Brüder nicht vergessen. Jeden Abend arbeitete sie weiter an den Hemdchen. Eines Nachts ging sie hinaus auf den Friedhof, um frische Brennnesseln zu holen. Dabei beobachtete der Schatzmeister sie heimlich.

Heti kun prinssi oli metsästysretkellä, antoi rahastonhoitaja heittää Elisan vankityrmään. Hän väitti, että Elisa olisi noita, joka tapaisi öisin muita noitia.

Sobald der Prinz auf einem Jagdausflug war, ließ der Schatzmeister Elisa in den Kerker werfen. Er behauptete, dass sie eine Hexe sei, die sich nachts mit anderen Hexen treffe.

Aamunsarasteessa hakivat vartijat Elisan. Hänet olisi määrä polttaa markkinapaikalla.

Im Morgengrauen wurde Elisa von den Wachen abgeholt. Sie sollte auf dem Marktplatz verbrannt werden.

Hän oli tuskin saapunut sinne, kun yhtäkkiä yksitoista valkoista joutsenta tulivat lentäen. Nopeasti Elisa heitti jokaisen päälle nokkospaidan. Pian seisoivat kaikki hänen veljensä ihmishahmossa hänen edessään. Vain pienin, jonka paita ei ollut tullut aivan valmiiksi, säilytti yhden käsivarren sijaan siiven.

Kaum war sie dort angekommen, als plötzlich elf weiße Schwäne geflogen kamen. Schnell warf Elisa jedem ein Nesselhemdchen über. Bald standen alle ihre Brüder in Menschengestalt vor ihr. Nur der Kleinste, dessen Hemd nicht ganz fertig geworden war, behielt anstelle eines Armes einen Flügel.

Sisarusten syleily ja suukottelu ei ollut vielä saanut loppua, kun prinssi palasi takaisin. Lopultakin Elisa pystyi kertomaan hänelle kaiken. Prinssi antoi heittää pahan rahastonhoitajan vankityrmään. Ja sitten juhlittiin häitä seitsemän päivän ajan.

Ja he elivät onnellisina elämänsä loppuun saakka.

Das Herzen und Küssen der Geschwister hatte noch kein Ende genommen, als der Prinz zurückkam. Endlich konnte Elisa ihm alles erklären. Der Prinz ließ den bösen Schatzmeister in den Kerker werfen. Und dann wurde sieben Tage lang Hochzeit gefeiert.

Und wenn sie nicht gestorben sind, dann leben sie noch heute.

Hans Christian Andersen

Hans Christian Andersen syntyi 1805 tanskalaisessa kaupungissa Odensessa ja kuoli 1875 Kööpenhaminassa. Hän saavutti maailmanmainetta saduillaan, kuten „Pieni merenneito", „Keisarin uudet vaatteet" ja „Ruma ankanpoikanen". Käsissäsi oleva satu, „Villijoutsenet", julkaistiin ensimmäistä kertaa 1838. Tämän jälkeen sitä on käännetty yli sadalle kielelle ja kerrottu monissa sovituksissa, mm. myös teatteri-, elokuva- ja musikaaliversioissa.

Barbara Brinkmann syntyi 1969 Münchenissä ja varttui Baijerin Esi-Alpeilla. Hän opiskeli arkkitehtuuria Münchenissä ja on nykyään tutkimusavustaja arkkitehtuurin tiedekunnassa Münchenin teknillisessä yliopistossa. Sen lisäksi hän työskentelee itsenäisenä graafikkona, kuvittajana ja kirjailijana.

Cornelia Haas syntyi 1972 Ichenhausenissa Augsburgissa (Saksa). Hän opiskeli muotoilua Münsterin ammattikorkeakoulussa ja valmistui sieltä diplomi-muotoilijaksi. Vuodesta 2001 lähtien hän kuvittaa lasten- ja nuortenkirjoja, vuodesta 2013 lähtien hän opettaa akryyli- ja digitaalimaalauksen dosenttina Münsterin ammattikorkeakoulussa.

Marc Robitzky, ikäluokkaa 1973, opiskeli teknillisessä taidekoulussa Hampurissa ja Academy of Visual Artsissa Frankfurtissa. Hän toimii vapaana kuvittajana ja viestintäsuunnittelijana Aschaffenburgissa (Saksa).

Ulrich Renz syntyi 1960 Stuttgartissa (Saksa). Hän opiskeli ranskalaista kirjallisuutta Pariisissa ja lääketiedettä Lyypekissä, sen jälkeen hän työskenteli tieteellisen kustantamon johtajana. Nykyään Renz on vapaa kirjailija, asiateosten lisäksi hän kirjoittaa lasten- ja nuortenkirjoja.

Väritätkö mielelläsi?

Täältä löydät kaikki tarinan kuvat väritettäviksi:

www.sefa-bilingual.com/coloring

www.ingramcontent.com/pod-product-compliance
Lightning Source LLC
LaVergne TN
LVHW070441080526
838202LV00035B/2687